가루타 게임으로 배우는
일본문화 250

길벗JTA연구회 지음

관광 명소
동아리 활동
일본 문화
일본 음식
일상 회화

길벗

저자 | 길벗JTA연구회

길벗JTA연구회는 20여 명의 중고등학교 일본어 선생님들이 더 나은 수업을 만들고자 함께 고민하고 토론하는 길벗출판사의 일본어교사 모임입니다. 길벗JTA연구회의 일본어 선생님들은 교육(Education)과 기술(Technology)의 합성어인 '에듀테크'에 관심이 많으며, 에듀테크와 사람이 공존할 수 있는 수업을 위한 최적의 학습도구를 만들고자 힘쓰고 있습니다.

가루타 게임으로 배우는 일본 문화 250

초판 1쇄 발행 · 2024년 8월 30일 | **지은이** · 길벗JTA연구회 | **발행인** · 이종원 | **발행처** · (주)도서출판 길벗
출판사 등록일 · 1990년 12월 24일 | **주소** · 서울시 마포구 월드컵로 10길 56(서교동) | **대표 전화** · 02)332-0931 | **팩스** · 02)323-0586
홈페이지 · www.gilbut.co.kr | **책임편집** · 최준란(chran71@gilbut.co.kr) | **디자인** · 강은경 | **제작** · 이준호, 손일순, 이진혁
영업관리 · 김명자 | **독자지원** · 윤정아 | **CTP 출력 및 인쇄** · 예림인쇄 | **제본** · 경문제책 | **사진출처** · 셔터스톡

잘못된 책은 구입한 서점에서 바꿔 드립니다. 이 책에 실린 모든 내용, 디자인, 이미지, 편집 구성의 저작권은 길벗과 지은이에게 있습니다. 허락 없이 복제하거나 다른 매체에 옮겨 실을 수 없습니다.
ISBN 979-11-407-1057-7(길벗 도서번호 060138)

サッカーぶ(部)

やきゅうぶ(野球部)

りくじょうぶ(陸上部)

アーチェリーぶ(部)

テニスぶ(部)

からてぶ(空手部)

たっきゅうぶ(卓球部)

きゅうどうぶ(弓道部)

バレー(ボール)ぶ(部)

けんどうぶ(剣道部)

야구부	축구부
양궁부	육상부
가라테부	테니스부
궁도부	탁구부
검도부	배구부

ゴルフぶ(部)

すいえいぶ(水泳部)

ハンドボールぶ(部)

きたくぶ(帰宅部)

じてんしゃぶ(自転車部)

ソフトボールぶ(部)

じゅうどうぶ(柔道部)

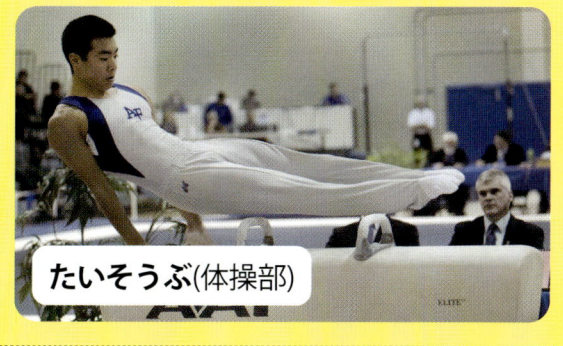
たいそうぶ(体操部)

しんたいそうぶ(新体操部)

ダンスぶ(部)

수영부	골프부
귀가부	핸드볼부
소프트볼부	자전거부
체조부	유도부
댄스부	리듬체조부

동아리 활동

チアリーディングぶ(部)

びじゅつぶ(美術部)

バスケ(ットボール)ぶ(部)

がっしょうぶ(合唱部)

バドミントンぶ(部)

しょどうぶ(書道部)

ラグビーぶ(部)

えんげきぶ(演劇部)

レスリングぶ(部)

いごぶ(囲碁部)

미술부	**치어리더부**
합창부	**농구부**
서예부	**배드민턴부**
연극부	**럭비부**
바둑부	**레슬링부**

 えいがぶ(映画部)

 さどうぶ(茶道部)

 ほうそうぶ(放送部) / しゃしんぶ(写真部)

 かどうぶ(華道部)

 しょうぎぶ(将棋部)

 けいおんがくぶ(軽音楽部)

 てんもんぶ(天文部)

 コンピューターぶ(部)

 りょうりぶ(料理部)

다도부	영화부
사진부	방송부
장기부	꽃꽂이부
천문부	경음악부
요리부	컴퓨터부

しゅげいぶ(手芸部)

かがくぶ(科学部)

しんぶんぶ(新聞部)

すいそうがくぶ(吹奏楽部)

ぶんげいぶ(文芸部)

えんげいぶ(園芸部)

ボランティアぶ(部)

カルタぶ(部)

まんがぶ(漫画部)

べんろんぶ(弁論部)

과학부	수예부
합주부	신문부
원예부	문예부
가루타부	봉사부
토론부	만화부

ごはん

うどん

おにぎり

そば

すし

ラーメン

もち

カレーライス

にくまん

オムライス

일본 음식

우동	밥
메밀국수	주먹밥
라멘(라면)	스시
카레라이스	찹쌀떡
오므라이스	고기만두

 うなぎ

 ぎゅうどん

 ハンバーガー

 やきざかな

 サンドイッチ

 さしみ

 ピザ

 たまごやき

 ぎょうざ

 たこやき

소고기덮밥	장어
생선구이	햄버거
사시미(회)	샌드위치
계란말이	피자
다코야키	교자(만두)

コロッケ

スープ

からあげ

おこのみやき

サラダ

すきやき

みそしる

だんご

おちゃ

せんべい

수프	고로케
오코노미야키	가라아게 (닭튀김)
스키야키(전골)	샐러드
단고(경단)	미소시루 (된장국)
센베(전병)	차

일본 음식

やきにく

しゃぶしゃぶ

ぎゅうにゅう

としこしそば

ホットドッグ

てんぷら

コーヒー

とんカツ

てんどん

おやこどん

샤브샤브	야키니쿠
도시코시소바	우유
튀김	핫도그
돈가스	커피
오야코돈 (닭고기덮밥)	튀김덮밥

スパゲッティ

やきとり

おべんとう

りんごあめ

チャンポン

やきそば

プリン

なっとう

まっちゃ

えきべん

야키토리 (닭꼬치구이)	스파게티
린고아메	도시락
야키소바	짬뽕
낫토	푸딩
에키벤	말차

 たたみ(畳)

 はなび

 わしつ(和室)

 はなみ

 おんせん(温泉)

 こいのぼり

 おてら

 まめまき

 じんじゃ(神社)

 ひなまつり

일본 문화

하나비 (불꽃놀이)	다다미
하나미 (꽃구경)	와시쓰 (다다미방)
고이노보리	온천
마메마키	절
히나마쓰리	신사

おみくじ

おみやげ

ゆかた(浴衣)

おせちりょうり

きもの(着物)

おまもり

たなばた(七夕)

おふろ

しちごさん(七五三)

まねきねこ

일본 문화

오미야게 (선물)	오미쿠지
오세치요리 (설날음식)	유카타
오마모리	기모노
목욕	다나바타
마네키네코	시치고산

しんかんせん(新幹線)

すもう(相撲)

じんぼちょう(神保町)

せいじんしき(成人式)

だるま

かぶき(歌舞伎)

とこのま

カラオケ

やたい

カルタ

스모	신칸센
성인식	진보초
가부키	다루마
가라오케	도코노마
가루타	야타이 (포장마차)

 プレゼント

 アニメ

 えま(絵馬)

 マンガ

 こたつ

 こくばんアート

 けんだま

 コスプレ

 キャラべん

 てるてるぼうず

아니메 (애니메이션)	선물
만화	에마
칠판 아트	고타쓰
코스프레	겐다마
데루테루보즈	갸라벤 (캐릭터 도시락)

かきごおり

ねんがじょう(年賀状)

こうしえん(甲子園)
やきゅうじょう(野球場)

ふうりん

はごいた

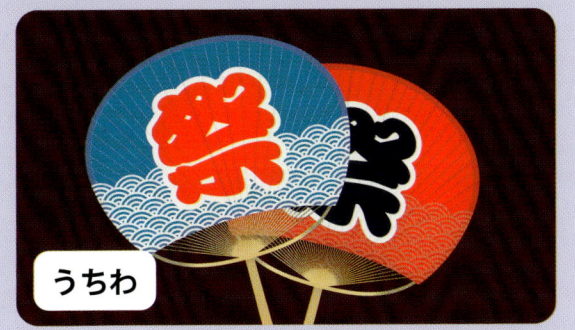
うちわ

ぼんおどり

ながしそうめん

しばいぬ

ヨーヨーつり

연하장	팥빙수
풍경	고시엔구장
부채	하고이타
나가시소멘	본오도리
요요공 건지기	시바견

とうきょう(東京)タワー

どうとんぼり

おおさかじょう(大阪城)

あきはばら(秋葉原)

おもてさんどう(表参道)

しんじゅく(新宿)

ももちはま

しぶや(渋谷)

あさひかわどうぶつえん

なは(那覇)

오사카 도톤보리	도쿄타워
아키하바라	오사카성
신주쿠	오모테산도
시부야	모모치해변
나하	아사히카와 동물원

ふじさん(富士山)

くまもん

しずおか(静岡)タミヤ

どうご(道後)おんせん

げんばく(原爆)ドーム

とうきょう(東京)スカイツリー

ながさき(長崎) ハウステンボス

にっこう(日光) とうしょうぐう(東照宮)

せんそうじ(浅草寺)

きんかくじ(金閣寺)

구마몬	후지산
도고온천	시즈오카 다미야
도쿄 스카이트리	원폭돔
닛코 도쇼구	나가사키 하우스텐보스
긴카쿠지 (금각사)	센소지

ぺっぷ(別府)おんせん

とうきょう(東京)
ディズニーランド

きよみずでら(清水寺)

USJ
(ユニバーサルスタジオジャパン)

せんだい(仙台)
たなばた(七夕)まつり

はこね(箱根)

ぎおん(祇園)まつり

ちゅらうみ
すいぞくかん(水族館)

だざいふてんまんぐう(大宰府天満宮)

おたる(小樽)

도쿄 디즈니랜드	벳푸온천
유니버설스튜디오 재팬	기요미즈데라
하코네	센다이 다나바타마쓰리
주라우미 수족관	기온마쓰리
오타루	다자이후텐만구

とよたし(豊田市)
じどうしゃ(自動車)

かがわ(香川)
せとおおはし(瀬戸大橋)

ならこうえん(奈良公園)

さくらじま(桜島)

とうきょう(東京)ドーム

たねがしま(種子島)
うちゅう(宇宙)センター

ろっぽんぎ(六本木)

たてやまくろべ(立山黒部)
アルペンルート

さっぽろ(札幌)ドーム

けんろくえん(兼六園)

가가와 세토대교	도요타시 자동차
사쿠라지마	나라 공원
다네가시마 우주센터	도쿄돔
다테야마쿠로베 알펜루트	롯폰기
겐로쿠엔	삿포로돔

なりたくうこう(成田空港)

とっとり さきゅう(鳥取砂丘)

よこはま(横浜) みなとみらい

おかやま(岡山) くらしき(倉敷)

たけおし(武雄市) としょかん(図書館)

あおもり(青森) ねぶたまつり

みやざき(宮崎) あおしま(青島)

かまくらだいぶつ(鎌倉大仏)

ゆふいん(由布院)おんせん

えのしま(江ノ島)

돗토리 사구	**나리타공항**
오카야마 구라시키	**요코하마 미나토미라이**
아오모리 네부타마쓰리	**다케오시 도서관**
가마쿠라 대불상	**미야자키 아오시마**
에노시마	**유후인온천**

안녕히 주무세요	잘 먹겠습니다
안녕히 계세요 (가세요)	잘 먹었습니다
실례하겠습니다	다녀오겠습니다
어서 오세요	다녀오세요
어서 와	다녀왔습니다

얼마예요?	귀여워
미안합니다	그럼 잘 가
그만해	자, 어서 고마워요
먹고 싶어	이거 받으세요
새해 복 많이 받으세요	어디예요?

안녕하세요 (아침 인사)	**힘내!**
안녕하세요 (점심 인사)	**반드시 할 수 있어**
안녕하세요 (저녁 인사)	**너무 좋아**
아직 멀었어요	**죄송합니다**
처음 뵙겠습니다	**상냥해**

잘해요	몸 조심하세요
잘하네	도와줘
잘 지내세요?	괜찮아
거기까지	잠깐
한 그릇 더 (리필할 때)	실례합니다

이쪽으로 오세요	정말?
맛있어	과연, 역시
이상해	잠시 기다려
저, 죄송한데요	축하드립니다
환영합니다	감사합니다